한글은 내친구 ⑥

생각하는 동화	4
이중모음 익히기	6
'ㅗ+ㅇ' 익히기	18
'ㅜ+ㄴ' 익히기	34
'ㅡ+ㄹ' 익히기	44
'ㅣ+ㅁ' 익히기	54
겹닿소리 익히기	64
겹받침 익히기	74
겹받침 문장쓰기	84
수를 세는 말 익히기	88
움직임을 나타내는 말 익히기	90
음식 이름 익히기	92
맛을 나타내는 말 익히기	94

이렇게 지도해 주세요.

아이와 대화하는 부모가 되어주세요.

아이의 두뇌성장을 돕는 환경적 자극 중에서 부모와의 대화에서 얻어지는 언어자극은 아이의 두뇌성장에 큰 역할을 합니다.
엄마와 매일 대화하는 아이가 그렇지 않은 아이에 비해 언어구사력이 뛰어난 것은 바로 이러한 사실을 뒷받침 해주는 증거입니다. 아이는 엄마와의 대화를 통해서 또래와의관계에서는 얻기 힘든 새롭고 다양한 낱말을 배우게 됩니다. 그렇기 때문에 부모와 함께하는 언어활동은 아이에게 그 어떤 자극보다 중요한 교육이 될 수 있습니다.

아이의 끊임없는 질문에 성실하게 대답해 주세요.

아이가 부모와 대화를 통해 언어활동을 시작하면서 유치원, 어린이집 등에서 만난 또래친구들과도 어울리며 수많은 질문과 궁금증을 갖게 됩니다. 그러면서 질문을 반복해서 하게 되는데, 이때 아이의 반복된 질문에 부모가 늘 성실하게 대답해 주고 칭찬을 아끼지 않는다면 그 학습효과는 보다 효과적으로 발휘될 것입니다.

좋은 교재로 학습에 대한 호기심을 자극해 주세요.

학습을 처음 시작한 아이에게 좋은 교재는 학습에 대한 새로운 호기심을 자극할 수 있는 좋은 친구입니다. 또한 아이의 학습욕구를 자극하기 위해서는 교재를 먼저 보여주고 빨리 하고 싶다는 생각을 끌어주는 것도 하나의 방법입니다. 예를 들면 스티커나, 색칠하기, 오리기, 접기 등의 교재를 보면서 아이가 가위질과 크레용을 사용하여 색칠하고, 스티커를 떼서 붙이는 활동에 흥미를 느끼게 되는 것입니다.

생각이 커지는 내친구 한글 시리즈

〈한글은 내친구〉는 한글을 배우기 시작하는 만3세 영아 과정부터 7세까지 제7차 교육과정을 바탕으로 한 교과서 중심의 한글학습교재로 전8권으로 구성되어있습니다.

본 교재는 아이가 쉽게 알고 인지할 수 있도록 사진, 그림, 스티커 붙이기, 색칠하기 등으로 다양하게 엮었으며, 생각을 키워주는 '생각하는 동화'를 통한 인성교육도 세심하게 다루었습니다.

1권에서 8권까지의 전 과정은 영아부터 초등학교 입학 전 아동이 반드시 배워야 할 학습 내용이 빠짐없이 탄탄하게 구성되어 있어, 한글을 배우기 시작하는 단계에서부터 문장 쓰기까지의 모든 과정을 완벽하게 마스터 할 수 있는 창의학습 프로그램입니다.

한글은 내친구 — 구성과 특징

1단계
여러 가지 선 긋기와 색칠하기, 스티커 붙이기를 통한 놀이 학습, 자음(닿소리)과 모음(홀소리) 배우기로 구성하였습니다.

2단계
생각하는 동화와 닿소리-홀소리의 복습, 가~허, 거~허를 그림과 함께 익히고 쓸 수 있게 구성하였습니다.

3단계
자음(닿소리)과 모음(홀소리)의 합성 형태를 낱말을 통해 익히고 읽고 쓸 수 있도록 구성하였습니다.

4단계
자음(닿소리)과 모음(홀소리)의 합성 낱말과 겹닿소리 익히기를 구성 하였습니다.

5단계
여러 가지 기관에서 하는 일과 받침이 있는 글자를 학습하도록 구성하였습니다.

6단계
겹받침과 단위를 나타내는 말, 서수, 감정을 나타내는 말을 학습하도록 구성하였습니다.

7단계
같은 말 다른 뜻(동음이의어), 소리를 표현하는 말을 학습하고 받아쓰기 등의 심화학습을 할 수 있도록 구성하였습니다.

8단계 우리들은 1학년
예비초등단계로 초등학교 입학 전 아동을 위해 초등학교 1학년 교과내용을 중심으로 하였으며 1권에서 7권을 마무리하는 단계로 구성하였습니다.

유치원 교육 과정에 따른
8단계 교육 프로그램

해와 바람의 내기

 어느 날, 해와 바람은 길을 걷고 있는 나그네를 보며 서로 자기 힘이 더 세다고 자랑을 하고 있었어요. 바람이 말했어요.
 "그럼 우리 누가 먼저 저 나그네의 외투를 벗게 하는지 내기 할까?"
 "좋아, 그렇게 하자."
 해도 흔쾌히 허락했어요.
 바람은 자기가 먼저 나그네의 외투를 벗기겠다며 입에 잔뜩 바람을 넣어 나그네를 향해 불었어요. 그러나 나그네는 외투를 더 단단히 여미고 단추까지 잠궜어요.

바람은 더 세고 강한 바람을 만들어 나그네에게 불었어요.
나그네는 더욱더 단단히 옷을 여미고 가던 길을 멈추고 앉았어요.
지친 바람은 더 이상 움직일 수가 없었어요.
"이번에는 내 차례지?"
해는 나그네를 향해 따뜻한 햇빛을 쨍쨍 보내주었어요.
햇빛을 받은 나그네는 금새 외투를 벗어 땀을 식혔어요.
바람은 너무 부끄러워 얼굴을 들 수가 없었어요.

바람은 왜 부끄러워 얼굴을 들 수가 없었을까요?

날짜 : 월 일

'ㅐ' 익히기

 그림과 함께 낱말을 읽고, 바르게 써 보세요.

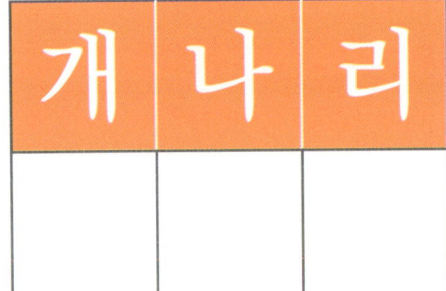  

개나리 개미 대나무

 □ 안에 알맞은 글자 **스티커**를 붙여 낱말을 완성해 보세요.

□미 □구리 □바라기

 소리내어 읽으면서 바르게 써 보세요.

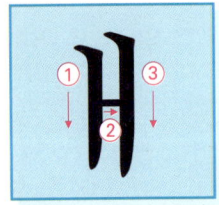

날짜: 월 일

'ㅐ' 익히기

🎲 그림을 보고, ☐ 안에 알맞은 낱말 스티커를 붙여 보세요.

☐ 들아, 모여라. 재미있는 ☐ 기 해 줄게.

🎲 'ㅐ'가 들어 있는 낱말을 찾아 ○ 해 보세요.

제비   매미   개미   애기

🎲 소리내어 읽으면서 바르게 써 보세요.

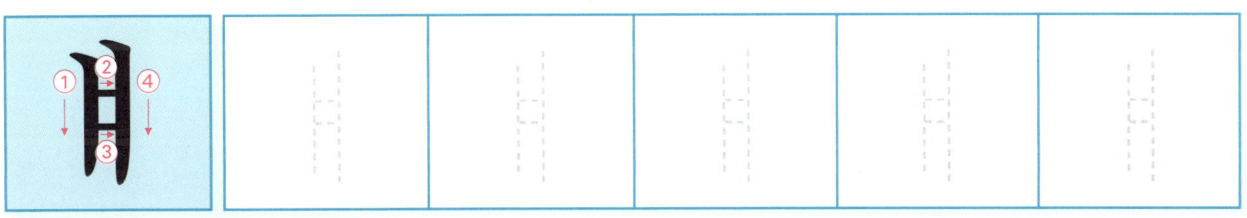

날짜 :　　월　　일

'ㅔ' 익히기

🎲 그림과 함께 낱말을 읽고, 바르게 써 보세요.

메	뚜	기

제	비

우	체	국

🎲 □ 안에 알맞은 글자 스티커를 붙여 낱말을 완성해 보세요.

	이	프

수	

걸	

🎲 소리내어 읽으면서 바르게 써 보세요.

ㅔ	ㅔ	ㅔ	ㅔ	ㅔ	ㅔ

8　한글은 내친구

'ㅖ' 익히기

🎲 그림과 함께 낱말을 읽고, 바르게 써 보세요.

시	계	계	산	기	온	도	계

🎲 그림의 이름을 바르게 연결해 보세요.

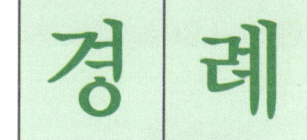

경 례

계 란

🎲 소리내어 읽으면서 바르게 써 보세요.

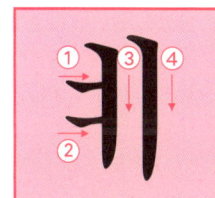

6단계 9

날짜 :   월   일

'과' 익히기

🎲 그림과 함께 낱말을 읽고, 바르게 써 보세요.

과	수	원

완	두	콩

사	과

🎲 '과'가 들어 있는 낱말을 모두 찾아 ○ 해 보세요.

과자

원숭이

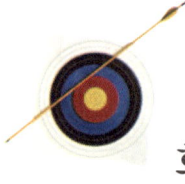
화살

매미

🎲 소리내어 읽으면서 바르게 써 보세요.

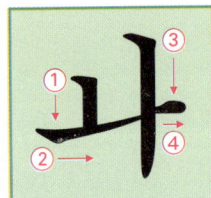

'ㅙ' 익히기

🎲 그림과 함께 낱말을 읽고, 바르게 써 보세요.

돼	지

왜	가	리

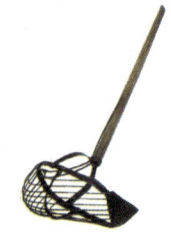

괭	이

🎲 문장을 읽고, 빈 곳에 알맞은 낱자 스티커를 붙여 보세요.

아기 ◯지가 밭에서 일을 해요.

◯이를 들고 밭에서 일하던 아기돼지가

◯가리에게 인사를 했어요.

🎲 소리내어 읽으면서 바르게 써 보세요.

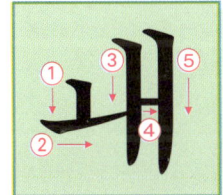

날짜 :   월   일

'ㅝ' 익히기

🎲 그림과 함께 낱말을 읽고, 바르게 써 보세요.

원	숭	이	태	권	도	권	투

🎲 그림의 이름에 맞는 낱말을 찾아 연결해 보세요.

| 권 | 투 | | 병 | 원 | | 원 | 두 | 막 |

🎲 소리내어 읽으면서 바르게 써 보세요.

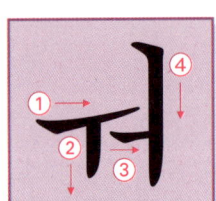
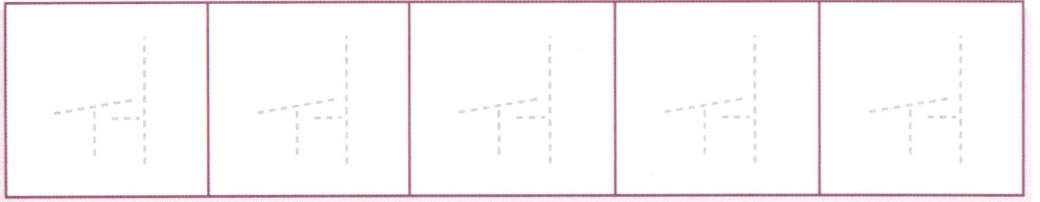

날짜 :   월   일

'ㅞ' 익히기

🎲 그림과 함께 낱말을 읽고, 바르게 써 보세요.

궤	짝

웨	딩	드	레	스

🎲 그림을 보고 두 낱말에 똑같이 들어 있는 낱자를 써 보세요.

웨하스

웨딩드레스

🎲 소리내어 읽으면서 바르게 써 보세요.

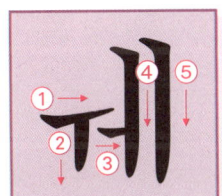
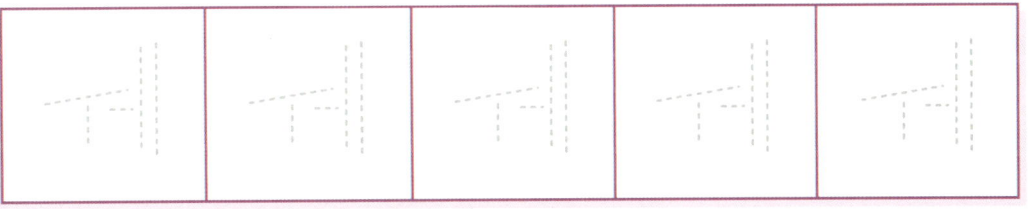

날짜: 월   일

'ㅚ' 익히기

🎲 그림과 함께 낱말을 읽고, 바르게 써 보세요.

쇠	고	기

참	외

자	물	쇠

🎲 □ 안에 알맞은 글자 **스티커**를 붙여 낱말을 완성해 보세요.

□	고	기

□	투

열	□

🎲 소리내어 읽으면서 바르게 써 보세요.

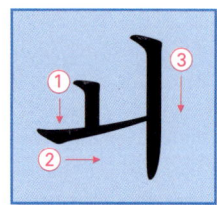  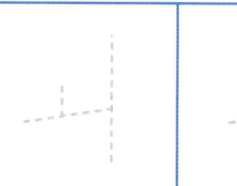 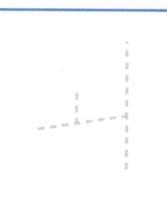

날짜: 월   일

'ㅟ' 익히기

🎲 그림과 함께 낱말을 읽고, 바르게 써 보세요.

귀	고	리

가	위

주	사	위

🎲 두 낱말의 이름에 똑같이 들어 있는 낱자 **스티커**를 붙여 보세요.

🎲 소리내어 읽으면서 바르게 써 보세요.

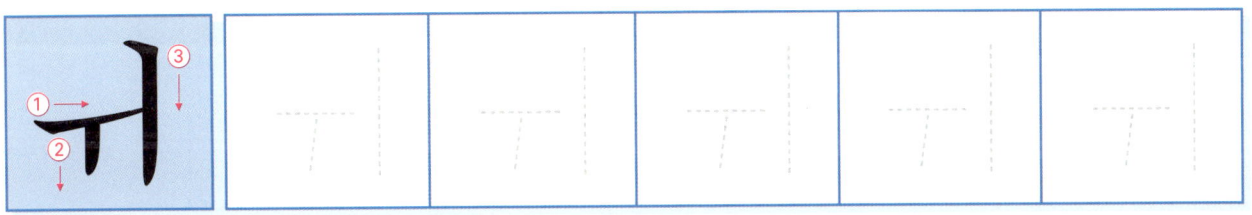

날짜 :　　월　　일

홀소리 다지기

🎲 그림의 이름 첫자와 그림과 글자를 연결해 보세요.

해　·　·　·　외

참　·　·　·　뚜 기

메　·　·　·　바 라 기

🎲 홀소리 글자 〈ㅐ〉를 읽으면서 바르게 써 보세요.

개	내	대	래	매	배	새
개	내	대	래	매	배	새

애	재	채	캐	태	패	해
애	재	채	캐	태	패	해

16 한글은 내친구

날짜 :   월   일

홀소리 다지기

🎲 낱말에 공통으로 들어 있는 글자를 찾아 □ 안에 써 보세요.

개구리   개나리   개미

운동화   동화책   무궁화

🎲 홀소리 글자 〈ㅔ〉를 읽으면서 바르게 써 보세요.

게	네	데	레	메	베	세
게	네	데	레	메	베	세

에	제	체	케	테	페	헤
에	제	체	케	테	페	헤

'ㅗ+ㅇ' 익히기

날짜: 월   일

🎲 ㅇ받침 글자를 바르게 써 보세요.

공	공	공	공	공	공	공
농	농	농	농	농	농	농
동	동	동	동	동	동	동
롱	롱	롱	롱	롱	롱	롱
몽	몽	몽	몽	몽	몽	몽
봉	봉	봉	봉	봉	봉	봉
송	송	송	송	송	송	송

날짜: 월 일

'ㅗ + ㅇ' 익히기

🎲 ㅇ받침 글자를 바르게 써 보세요.

옹						
종						
총						
콩						
통						
퐁						
홍						

날짜 :   월   일

'ㅗ + ㅇ' 낱말 익히기

🎲 그림과 함께 낱말을 읽고, 바르게 써 보세요.

공	룡		공	책		공	부
공	룡		공	책		공	부
공	룡		공	책		공	부
공	룡		공	책		공	부

날짜: 월 일

'ㅗ + ㅇ' 낱말 익히기

매우잘함 잘함 보통

🎲 그림과 함께 낱말을 읽고, 바르게 써 보세요.

농
농
농
농

농	구
농	구
농	구
농	구

농	부
농	부
농	부
농	부

날짜: 월   일

'ㅗ + ㅇ' 낱말 익히기

매우잘함 잘함 보통

🎲 그림과 함께 낱말을 읽고, 바르게 써 보세요.

동	대	문
동	대	문
동	대	문
동	대	문

동	물	원
동	물	원
동	물	원
동	물	원

날짜: 월   일

'ㅗ + ㅇ' 낱말 익히기

🎲 그림과 함께 낱말을 읽고, 바르게 써 보세요.

봉	숭	아
봉	숭	아
봉	숭	아
봉	숭	아

날짜 : 월 일

'ㅗ + ㅇ' 낱말 익히기

🎲 그림과 함께 낱말을 읽고, 바르게 써 보세요.

송	아	지
송	아	지
송	아	지
송	아	지

양	송	이
양	송	이
양	송	이
양	송	이

'ㅗ+ㅇ' 낱말 익히기

날짜 :   월   일

🎲 그림과 함께 낱말을 읽고, 바르게 써 보세요.

나	폴	레	옹
나	폴	레	옹
나	폴	레	옹
나	폴	레	옹

옹	기
옹	기
옹	기
옹	기

날짜 :   월   일

'ㅗ + ㅇ' 낱말 익히기

🎲 그림과 함께 낱말을 읽고, 바르게 써 보세요.

종	달	새
종	달	새
종	달	새
종	달	새

색	종	이
색	종	이
색	종	이
색	종	이

날짜 :   월   일

'ㅗ+ㅇ' 낱말 익히기

🎲 그림과 함께 낱말을 읽고, 바르게 써 보세요.

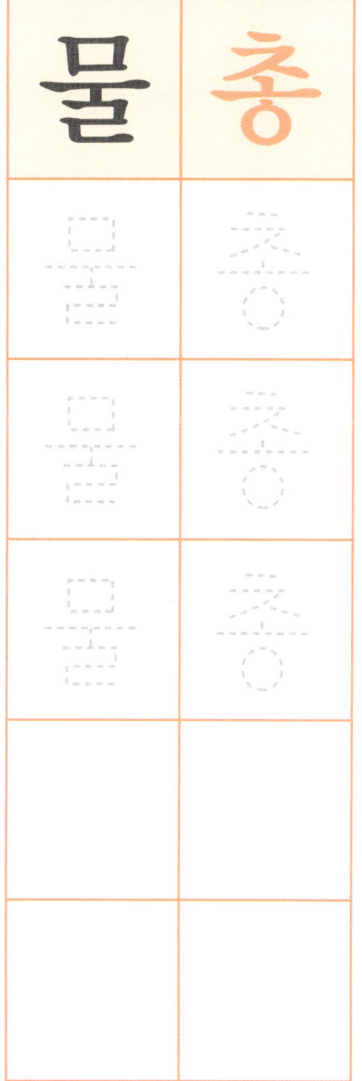

총	각	김	치

물	총

날짜: 월   일

'ㅗ+ㅇ' 낱말 익히기

🎲 그림과 함께 낱말을 읽고, 바르게 써 보세요.

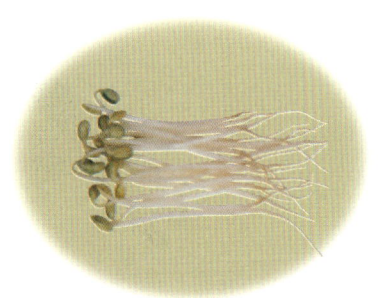

콩	나	물
콩	나	물
콩	나	물
콩	나	물

콩	기	름
콩	기	름
콩	기	름
콩	기	름

날짜 :   월   일

'ㅗ+ㅇ' 낱말 익히기

매우잘함 잘함 보통

🎲 그림과 함께 낱말을 읽고, 바르게 써 보세요.

통	나	무
통	나	무
통	나	무
통	나	무

통	조	림
통	조	림
통	조	림
통	조	림

6 단계 29

날짜: 월   일

'ㅗ+ㅇ' 낱말 익히기

그림과 함께 낱말을 읽고, 바르게 써 보세요.

홍	당	무
홍	당	무
홍	당	무
홍	당	무

백	일	홍
백	일	홍
백	일	홍
백	일	홍

날짜: 월   일

'ㅗ+ㅇ' 낱말 익히기

🎲 그림과 함께 낱말을 읽고, 바르게 써 보세요.

홍	삼
홍	삼
홍	삼
홍	삼

다	홍	색
다	홍	색
다	홍	색
다	홍	색

날짜: 월   일

'ㅗ + ㅇ' 낱말 다지기

매우잘함 잘함 보통

🎲 ● 안의 글자가 쓰여진 낱말을 찾아 줄로 이어 보세요.

통 · · 물 총
총 · · 통조림
홍 · · 콩나물
콩 · · 홍당무

🎲 그림의 이름 빈 곳에 알맞은 낱자를 아래에서 찾아 써 보세요.

백일 ○

○ 숭아

○ 물원

통   홍   동   봉   공

🎲 선생님께서 불러 주시는 낱말을 잘 듣고 받아 써 봅시다.

받아쓰기

1.
2.
3.
4.
5.
6.
7.

틀린 문장 다시 쓰기

날짜 : 월 일

'ㅜ + ㄴ' 익히기

매우잘함 잘함 보통

🎲 ㄴ받침 글자를 바르게 써 보세요.

군	군	군	군	군	군	군
눈	눈	눈	눈	눈	눈	눈
둔	둔	둔	둔	둔	둔	둔
룬	룬	룬	룬	룬	룬	룬
문	문	문	문	문	문	문
분	분	분	분	분	분	분
순	순	순	순	순	순	순

'ㅜ + ㄴ' 익히기

ㄴ받침 글자를 바르게 써 보세요.

운	운	운	운	운	운	운
준	준	준	준	준	준	준
춘	춘	춘	춘	춘	춘	춘
쿤	쿤	쿤	쿤	쿤	쿤	쿤
툰	툰	툰	툰	툰	툰	툰
푼	푼	푼	푼	푼	푼	푼
훈	훈	훈	훈	훈	훈	훈

날짜 :   월   일

'ㅜ + ㄴ' 낱말 익히기

매우잘함 잘함 보통

🎲 그림과 함께 낱말을 읽고, 바르게 써 보세요.

| 군 | | 군 | 인 | | 군 | 밤 |

'ㅜ+ㄴ' 낱말 익히기

날짜: 월   일

🎲 그림과 함께 낱말을 읽고, 바르게 써 보세요.

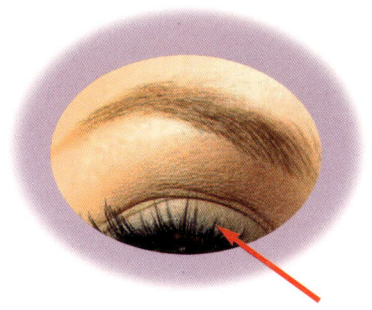

눈	사	람

속	눈	썹

날짜: 월   일

'ㅜ+ㄴ' 낱말 익히기

그림과 함께 낱말을 읽고, 바르게 써 보세요.

창	문
창	문
창	문
창	문

문	어
문	어
문	어
문	어

대	문
대	문
대	문
대	문

날짜 :   월   일

'ㅜ + ㄴ' 낱말 익히기

매우잘함 잘함 보통

🎲 그림과 함께 낱말을 읽고, 바르게 써 보세요.

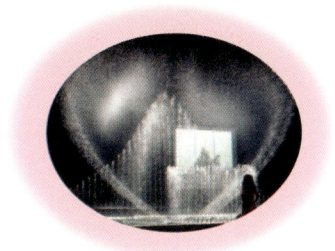

화	분
화	분
화	분
화	분

분	수
분	수
분	수
분	수

분	필
분	필
분	필
분	필

6 단계 39

'ㅜ+ㄴ' 낱말 익히기

날짜:　　월　　일

그림과 함께 낱말을 읽고, 바르게 써 보세요.

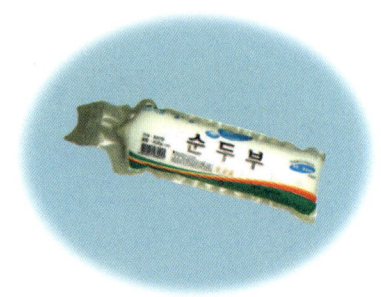

순	두	부
순	두	부
순	두	부
순	두	부

죽	순
죽	순
죽	순
죽	순

날짜: 월   일

'ㅜ + ㄴ' 낱말 익히기

그림과 함께 낱말을 읽고, 바르게 써 보세요.

운	동	화
운	동	화
운	동	화
운	동	화

운	전	사
운	전	사
운	전	사
운	전	사

날짜 :   월   일

'ㅜ + ㄴ' 낱말 익히기

매우잘함 잘함 보통

🎲 그림과 함께 낱말을 읽고, 바르게 써 보세요.

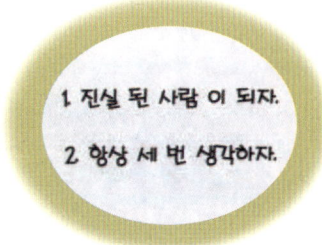

훈

훈	장

가	훈

날짜: 월 일

'ㅜ+ㄴ' 낱말 다지기

매우잘함 잘함 보통

🎲 그림을 보고, 문장에 필요한 낱말을 바르게 써 보세요.

  눈사람을 만듭니다.

 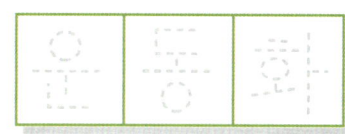 운동화를 신습니다.

  군인은 용감합니다.

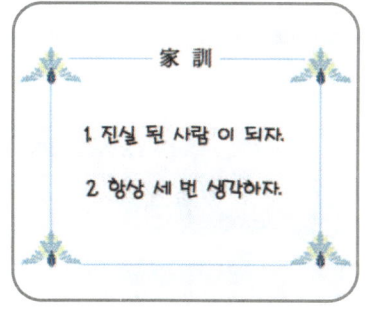 우리집은  가훈이 있어요.

6 단계 43

날짜 :　월　일

'ㅡ + ㄹ' 익히기

🎲 ㄹ받침 글자를 바르게 써 보세요.

글	글	글	글	글	글	글
늘	늘	늘	늘	늘	늘	늘
들	들	들	들	들	들	들
를	를	를	를	를	를	를
믈	믈	믈	믈	믈	믈	믈
블	블	블	블	블	블	블
슬	슬	슬	슬	슬	슬	슬

날짜: 월 일

'ㅡ + ㄹ' 익히기

🎲 ㄹ받침 글자를 바르게 써 보세요.

을	을	을	을	을	을	을
즐	즐	즐	즐	즐	즐	즐
츨	츨	츨	츨	츨	츨	츨
클	클	클	클	클	클	클
틀	틀	틀	틀	틀	틀	틀
플	플	플	플	플	플	플
흘	흘	흘	흘	흘	흘	흘

날짜: 월   일

'ㅡ + ㄹ' 낱말 익히기

그림과 함께 낱말을 읽고, 바르게 써 보세요.

글	러	브

이	글	루

날짜 :   월   일

'ㅡ + ㄹ' 낱말 익히기

🎲 그림과 함께 낱말을 읽고, 바르게 써 보세요.

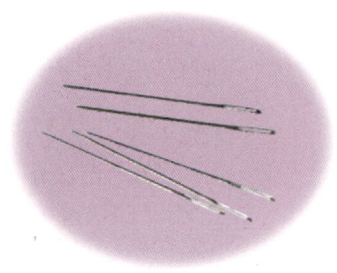

마	늘		하	늘		바	늘
마	늘		하	늘		바	늘
마	늘		하	늘		바	늘
마	늘		하	늘		바	늘

날짜: 월   일

'ㅡ + ㄹ' 낱말 익히기

🎲 그림과 함께 낱말을 읽고, 바르게 써 보세요.

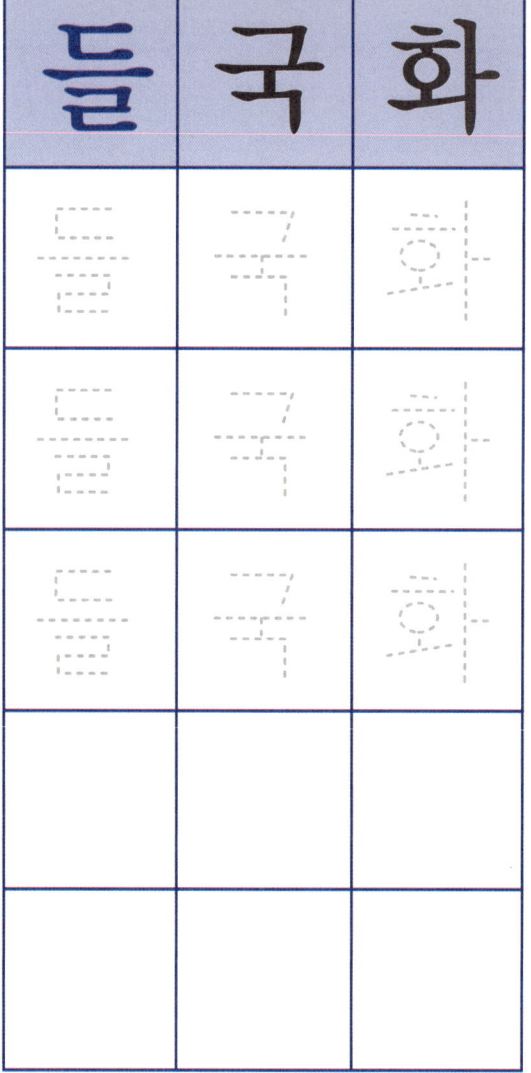

들	국	화
들	국	화
들	국	화
들	국	화

들	장	미
들	장	미
들	장	미
들	장	미

날짜 :   월   일

'ㅡ + ㄹ' 낱말 익히기

매우잘함 잘함 보통

🎲 그림과 함께 낱말을 읽고, 바르게 써 보세요.

슬	리	퍼
슬	리	퍼
슬	리	퍼
슬	리	퍼

다	슬	기
다	슬	기
다	슬	기
다	슬	기

날짜 :   월   일

'ㅡ + ㄹ' 낱말 익히기

🎲 그림과 함께 낱말을 읽고, 바르게 써 보세요.

마	을		가	을		노	을
마	을		가	을		노	을
마	을		가	을		노	을
마	을		가	을		노	을

'ㅡ + ㄹ' 낱말 익히기

그림과 함께 낱말을 읽고, 바르게 써 보세요.

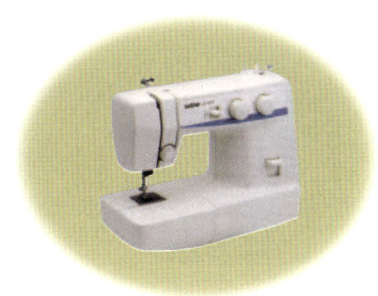

재	봉	틀
재	봉	틀
재	봉	틀
재	봉	틀

베	틀
베	틀
베	틀
베	틀

날짜: 월   일

'ㅡ + ㄹ' 낱말 익히기

🎲 그림과 함께 낱말을 읽고, 바르게 써 보세요.

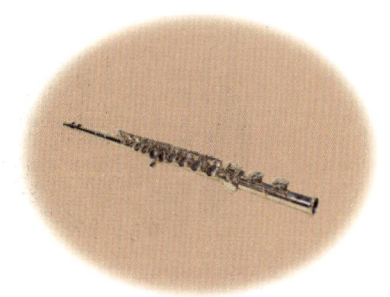

플	루	트
플	루	트
플	루	트
플	루	트

포	플	러
포	플	러
포	플	러
포	플	러

날짜 :   월   일

'ㅡ + ㄹ' 낱말 다지기

🎲 낱말을 점선 따라 쓰고, 맞는 그림을 찾아 줄로 이어 보세요.

🎲 □ 안에 알맞은 글자 스티커를 붙여 보세요.

가을 하 □ 은 맑습니다.

구 □ 치기는 재미있습니다.

언덕 위에 □ 국 화 가 피었습니다.

재 봉 □ 로 바지를 만듭니다.

날짜 :   월   일

'ㅣ + ㅁ' 익히기

ㅁ받침 글자를 바르게 써 보세요.

김	김	김	김	김	김	김
님	님	님	님	님	님	님
딤	딤	딤	딤	딤	딤	딤
림	림	림	림	림	림	림
밈	밈	밈	밈	밈	밈	밈
빔	빔	빔	빔	빔	빔	빔
심	심	심	심	심	심	심

날짜: 월   일

'ㅣ + ㅁ' 익히기

🎲 ㅁ받침 글자를 바르게 써 보세요.

임	임	임	임	임	임	임
짐	짐	짐	짐	짐	짐	짐
침	침	침	침	침	침	침
킴	킴	킴	킴	킴	킴	킴
팀	팀	팀	팀	팀	팀	팀
핌	핌	핌	핌	핌	핌	핌
힘	힘	힘	힘	힘	힘	힘

'ㅣ+ㅁ' 낱말 익히기

그림과 함께 낱말을 읽고, 바르게 써 보세요.

김
김
김
김

김	치
김	치
김	치
김	치

김	밥
김	밥
김	밥
김	밥

날짜:　　월　　일

'ㅣ+ㅁ' 낱말 익히기

임	금	님		부	처	님
임	금	님		부	처	님
임	금	님		부	처	님
임	금	님		부	처	님

날짜 :   월   일

'ㅣ + ㅁ' 낱말 익히기

디	딤	돌

비	빔	밥

날짜 :   월   일

'ㅣ+ㅁ' 낱말 익히기

🎲 그림과 함께 낱말을 읽고, 바르게 써 보세요.

심	벌	즈
심	벌	즈
심	벌	즈
심	벌	즈

불	조	심
불	조	심
불	조	심
불	조	심

6 단계 **59**

날짜: 월   일

'ㅣ+ㅁ' 낱말 익히기

매우잘함 잘함 보통

🎲 그림과 함께 낱말을 읽고, 바르게 써 보세요.

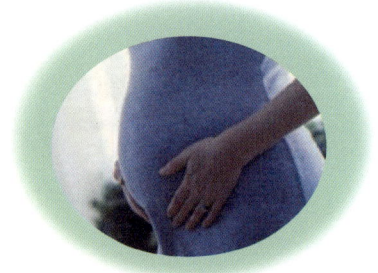

임	연	수
임	연	수
임	연	수
임	연	수

임	신	부
임	신	부
임	신	부
임	신	부

날짜: 월   일

'ㅣ + ㅁ' 낱말 익히기

🎲 그림과 함께 낱말을 읽고, 바르게 써 보세요.

지	짐	이
지	짐	이
지	짐	이
지	짐	이

정	글	짐
정	글	짐
정	글	짐
정	글	짐

날짜 :　　월　　일

'ㅣ+ㅁ' 낱말 익히기

매우잘함　잘함　보통

🎲 그림과 함께 낱말을 읽고, 바르게 써 보세요.

기	침
기	침
기	침
기	침

침	대
침	대
침	대
침	대

침	낭
침	낭
침	낭
침	낭

날짜 : 　월 　일

'ㅣ+ㅁ' 낱말 다지기

🎲 그림을 보고, 알맞은 낱말을 찾아 줄로 이어 보세요.

   •   　　　• 김치

   •   　　　• 선생님

   •   　　　• 비빔밥

   •   　　　• 심벌즈

   •   　　　• 임금님

   •   　　　• 침대

날짜: 　월　　일

겹닿소리 'ㄲ' 익히기

🎲 〈ㄲ+홀소리〉글자입니다. 소리내어 읽으면서 바르게 써 보세요.

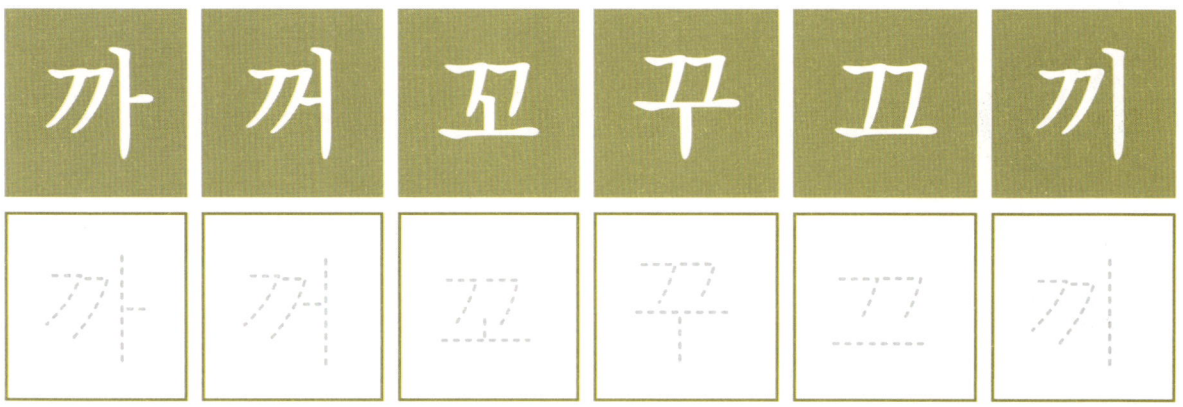

🎲 그림을 보고, □ 안에 알맞은 글자 스티커를 붙여 보세요.

날짜:　　　월　　　일

겹닿소리 'ㄲ' 낱말 쓰기

🎲 낱말을 소리내어 읽고, 바르게 써 보세요.

| 깍 두 기 | 꽁 치 | 코 끼 리 |

| 까 마 귀 | 깡 통 | 꽈 배 기 |

날짜 :   월   일

겹닿소리 'ㄸ' 익히기

매우잘함 잘함 보통

🎲 〈ㄸ+홀소리〉글자입니다. 소리내어 읽으면서 바르게 써 보세요.

따	떠	또	뚜	뜨	띠
따	떠	또	뚜	뜨	띠

🎲 낱말에서 겹닿소리가 다른 하나를 찾아 ◯ 해 보세요.

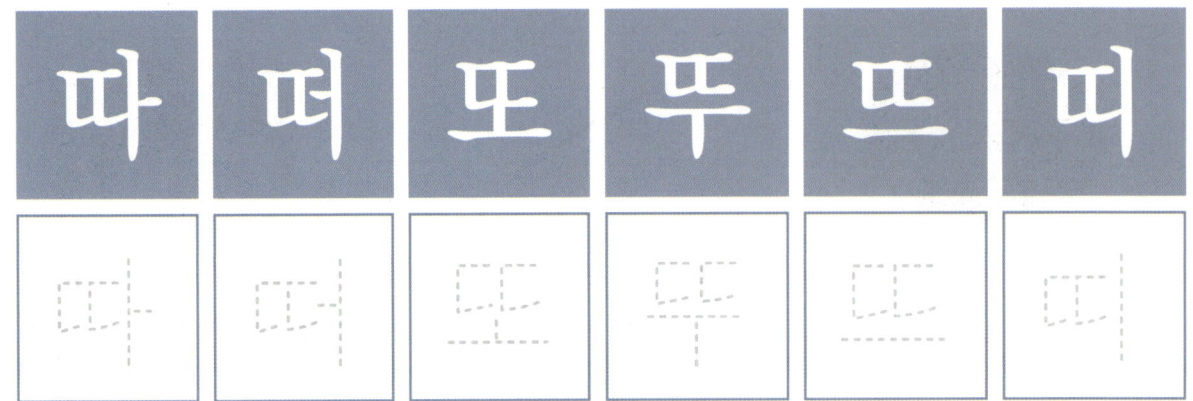

ㄲ		ㄸ	
토끼	깡통	땅콩	꽃잎
꽁치	빨강	딸기	떡국

🎲 □ 안에 빠진 글자의 스티커를 붙여 보세요.

| □ 콩 | 기 | 호 □ |

날짜 :   월   일

겹닿소리 'ㄸ' 낱말 쓰기

🎲 낱말을 소리내어 읽고, 바르게 써 보세요.

| 오 뚝 이 | 땅 콩 | 떡 볶 이 |

| 딱 따 구 리 | 호 떡 | 딸 기 |

날짜 :   월   일

겹닿소리 'ㅃ' 익히기

매우잘함 잘함 보통

🎲 〈ㅃ+홀소리〉글자입니다. 소리내어 읽으면서 바르게 써 보세요.

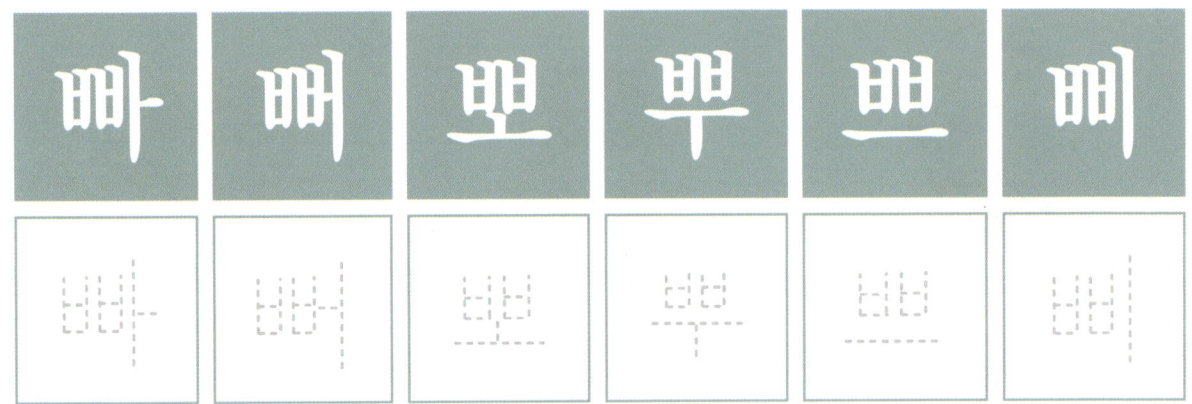

🎲 낱말과 그림이 맞도록 줄로 이어 보세요.

🎲 낱말에 맞는 그림 스티커를 ◯에 붙여 보세요.

68 한글은 내친구

겹닿소리 'ㅃ' 낱말 쓰기

날짜 :   월   일

매우잘함 잘함 보통

🎲 낱말을 소리내어 읽고, 바르게 써 보세요.

뻐 꾸 기	건 빵	코 뿔 소

빨 강	호 빵	뿌 리	빨 대

6 단계 69

겹닿소리 'ㅆ' 익히기

🎲 〈ㅆ+홀소리〉글자입니다. 소리내어 읽으면서 바르게 써 보세요.

| 싸 | 써 | 쏘 | 쑤 | 쓰 | 씨 |

🎲 합쳐진 글자를 ☐ 안에 쓰고, 그 글자가 들어간 그림을 줄로 이어 보세요.

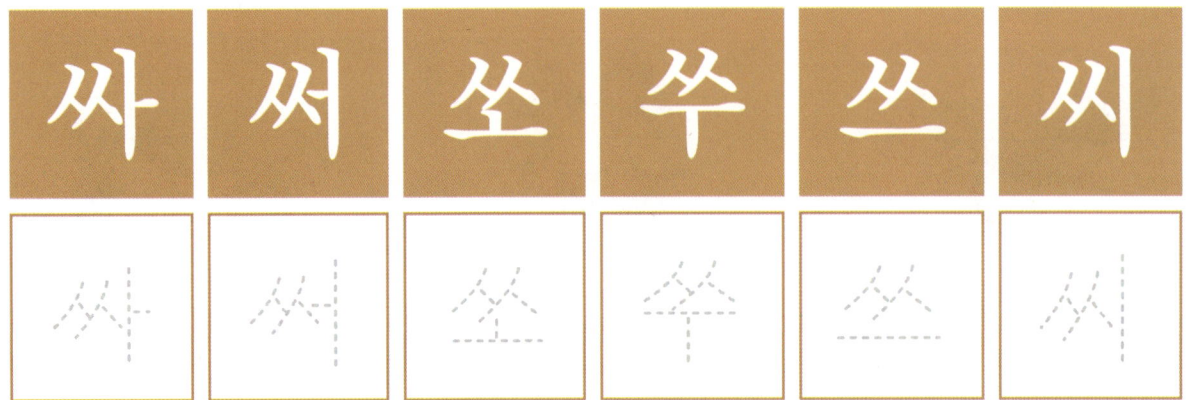

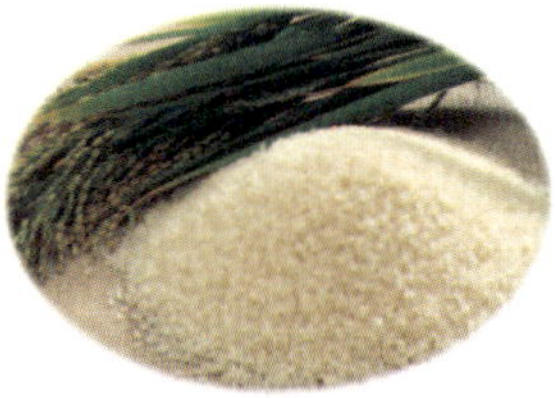

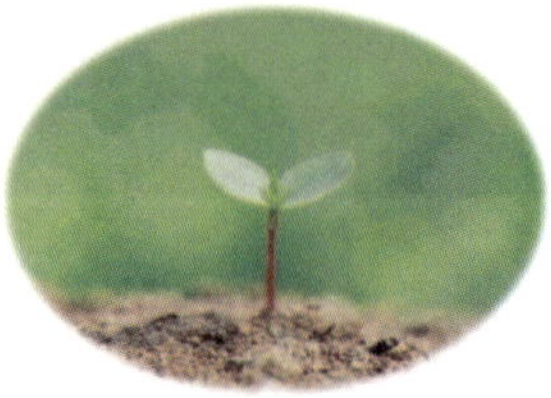

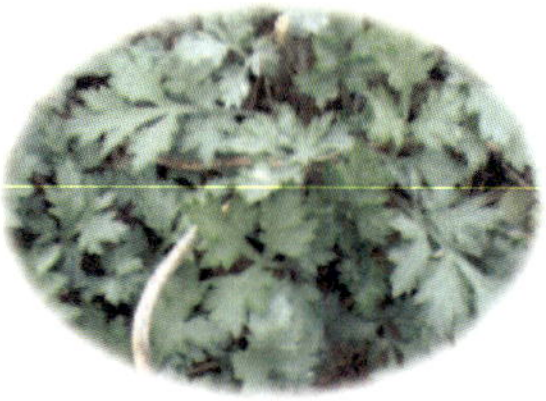

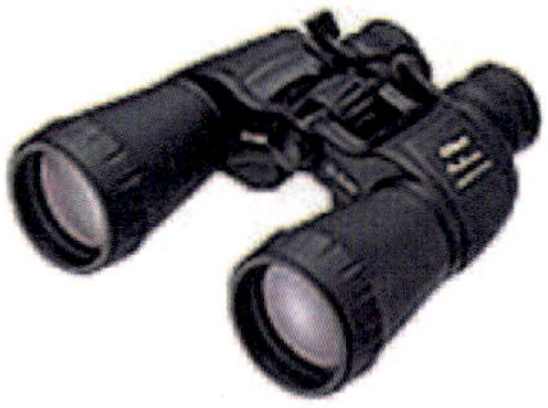

겹닿소리 'ㅆ' 낱말 쓰기

날짜 : 월 일

낱말을 소리내어 읽고, 바르게 써 보세요.

| 쌍안경 | 새싹 | 쓰레기 |

| 썰매 | 씨름 | 쌍둥이 |

날짜 :   월   일

겹닿소리 'ㅉ' 익히기

매우잘함 잘함 보통

🎲 〈ㅉ+홀소리〉글자입니다. 소리내어 읽으면서 바르게 써 보세요.

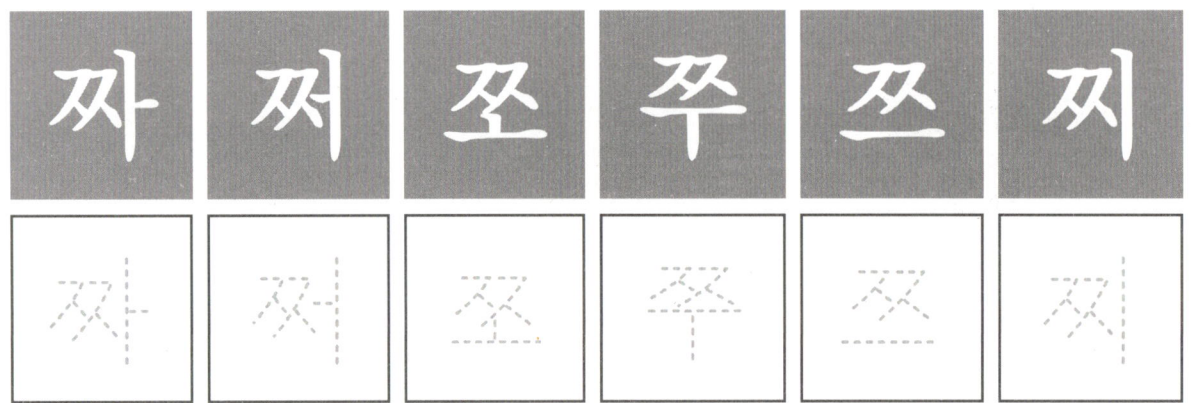

| 짜 | 쩌 | 쪼 | 쭈 | 쯔 | 찌 |

🎲 〈ㅉ+홀소리〉글자입니다. 소리내어 읽어 보세요.

베짱이 / 찐빵 / 짬뽕

🎲 알맞은 이름이 되도록 글자 스티커를 붙여 보세요.

날짜 :   월   일

겹닿소리 'ㅉ' 낱말 쓰기

🎲 낱말을 소리내어 읽고, 바르게 써 보세요.

소쩍새   **찐빵**   **베짱이**

찌개   **쫄면**   **쪽지**   **짬봉**

6 단계 73

겹받침 익히기

날짜: 월   일

🎲 겹받침을 바르게 써 보세요.

ㄲ	ㄲ	ㄲ	ㄲ			
ㅆ	ㅆ	ㅆ	ㅆ			
ㄳ	ㄳ	ㄳ	ㄳ			
ㄵ	ㄵ	ㄵ	ㄵ			
ㄶ	ㄶ	ㄶ	ㄶ			
ㄺ	ㄺ	ㄺ	ㄺ			

74 한글은 내친구

날짜: 월   일

겹받침 익히기

🎲 겹받침을 바르게 써 보세요.

ㄺ	ㄺ	ㄺ	ㄺ			

ㄼ	ㄼ	ㄼ	ㄼ			

ㄾ	ㄾ	ㄾ	ㄾ			

ㄿ	ㄿ	ㄿ	ㄿ			

ㅀ	ㅀ	ㅀ	ㅀ			

ㅄ	ㅄ	ㅄ	ㅄ			

날짜 :   월   일

'ㄲ' 받침 낱말 익히기

매우잘함 잘함 보통

🎲 'ㄲ' 받침 낱말을 바르게 써 보세요.

깎	낚	닦	묶	밖	볶
깎	낚	닦	묶	밖	볶

🎲 그림을 보고, 낱말을 바르게 써 보세요.

깎	다	낚	시	닦	다	묶	다
깎	다	낚	시	닦	다	묶	다

날짜 :   월   일

'ㄳ, ㄵ, ㄶ' 받침 낱말 익히기

매우잘함 잘함 보통

🎲 'ㄳ, ㄵ, ㄶ' 받침 낱말을 바르게 써 보세요.

몫	샀	앉	얹	많	찮

🎲 그림을 보고, 낱말을 바르게 써 보세요.

품	삯	많	다	내	몫	앉	다

날짜 :   월   일

'ㄺ' 받침 낱말 익히기

🎲 'ㄺ' 받침 낱말을 바르게 써 보세요.

늙	닭	맑	밝	읽	흙
늙	닭	맑	밝	읽	흙

🎲 그림을 보고, 낱말을 바르게 써 보세요.

읽다	맑다	늙다	밝다
읽다	맑다	늙다	밝다

'ㄻ' 받침 낱말 익히기

🎲 'ㄻ' 받침 낱말을 바르게 써 보세요.

곪	굶	닮	삶	젊	짊

🎲 그림을 보고, 낱말을 바르게 써 보세요.

굶	다		삶	다		닮	다		젊	다

날짜: 월   일

'ㄼ, ㅀ' 받침 낱말 익히기

🎲 'ㄼ, ㅀ' 받침 낱말을 바르게 써 보세요.

넓	밟	끓	싫	옳	잃
넓	밟	끓	싫	옳	잃

🎲 그림을 보고, 낱말을 바르게 써 보세요.

싫	다	잃	다	넓	다	끓	다
싫	다	잃	다	넓	다	끓	다

날짜 :   월   일

'ㄼ, ㅀ' 받침 낱말 익히기

🎲 'ㄼ, ㅀ' 받침 낱말을 바르게 써 보세요.

넓	떫	짧	얇	값	없
넓	떫	짧	얇	값	없

🎲 그림을 보고, 낱말을 바르게 써 보세요.

책	값	얇	다	짧	다	없	다
책	값	얇	다	짧	다	없	다

6 단계 81

날짜:　　　월　　　일

겹받침 있는 낱말 다지기

🎲 그림을 보고, 맞는 낱말에 ○ 하고 ☐ 안에 옮겨 써 보세요.

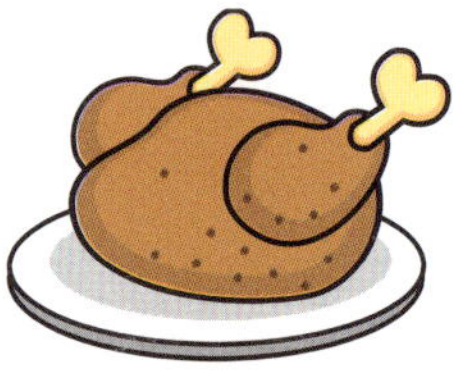

| 닥고기 ☐ |
| 닭고기 ☐ |

| 읽다 ☐ |
| 일다 ☐ |

| 끓다 ☐ |
| 끌다 ☐ |

| 말다 ☐ |
| 맑다 ☐ |

| 딱다 ☐ |
| 닦다 ☐ |

| 떡뷖이 ☐ |
| 떡복이 ☐ |

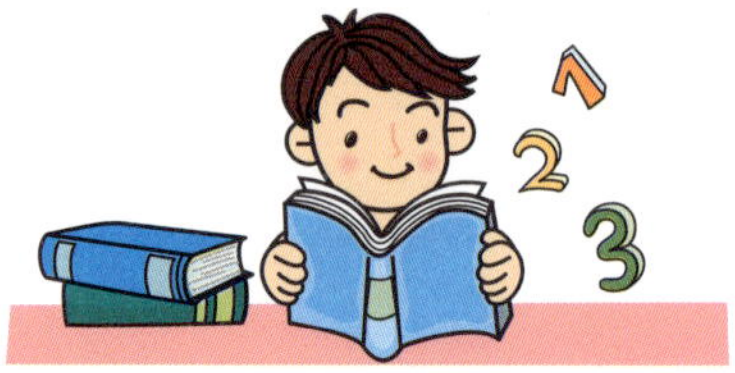

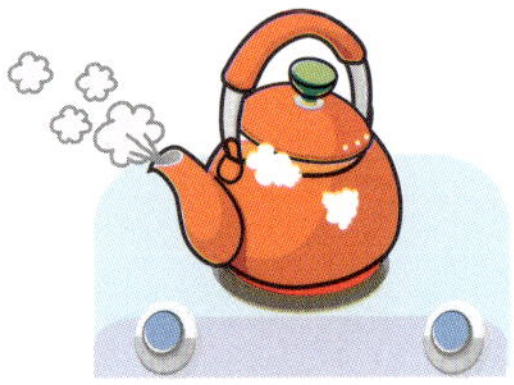

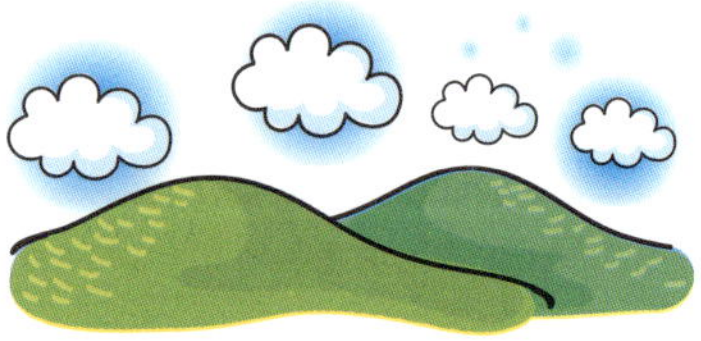

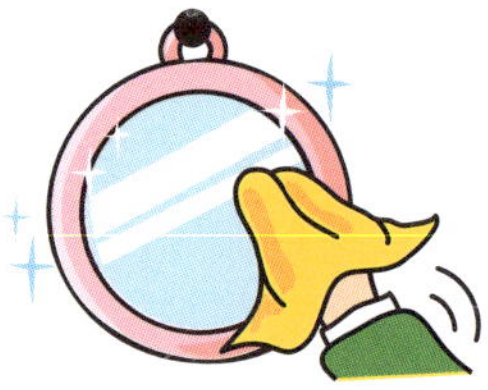

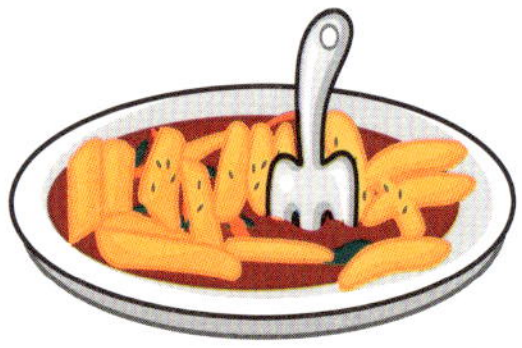

겹받침 있는 낱말 다지기

그림을 보고, 맞는 낱말에 ◯ 하고 □ 안에 옮겨 써 보세요.

그림	낱말
운동장	널따 / 넓다
싫어하는 사람	싫다 / 실타
냄비	삼따 / 삶다
쌍둥이	닮다 / 담따
할머니	늙다 / 늘다
전구	밝다 / 박따

겹받침 문장쓰기

읽으면서 바르게 써 보세요.

구	두	를		닦	습	니	다
구	두	를		닦	습	니	다
구	두	를		닦	습	니	다

형	이		앉	았	습	니	다
형	이		앉	았	습	니	다
형	이		앉	았	습	니	다

겹받침 문장쓰기

날짜: 월   일

읽으면서 바르게 써 보세요.

| 과 | 일 | 이 | | 많 | 습 | 니 | 다 |

| 동 | 생 | 의 | | 몫 | 입 | 니 | 다 |

겹받침 문장쓰기

날짜: 월   일

📖 읽으면서 바르게 써 보세요.

옷	이		낡	았	습	니	다
옷	이		낡	았	습	니	다
옷	이		낡	았	습	니	다

손	을		핥	았	습	니	다
손	을		핥	았	습	니	다
손	을		핥	았	습	니	다

날짜: 월   일

겹받침 문장쓰기

🎲 읽으면서 바르게 써 보세요.

| 흙 | 을 | | 밟 | 았 | 습 | 니 | 다 |

| 두 | 께 | 가 | | 얇 | 습 | 니 | 다 |

날짜 :   월   일

수를 세는 말 익히기

🎲 수를 셀 때 쓰이는 말을 소리내어 읽고 바르게 써 보세요.

포 기	마 리	통	상 자
포 기	마 리	통	상 자
포 기	마 리	통	상 자
포 기	마 리	통	상 자
포 기	마 리	통	상 자

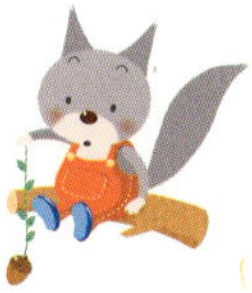

날짜 : 월 일

수를 세는 말 익히기

매우잘함 잘함 보통

수를 셀 때 쓰이는 말을 소리내어 읽고 바르게 써 보세요.

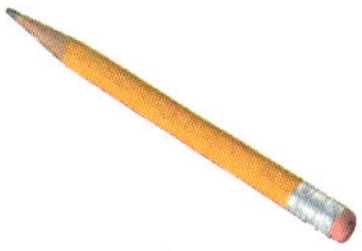

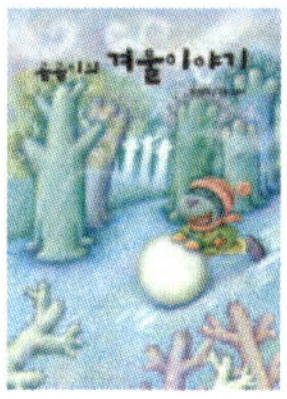

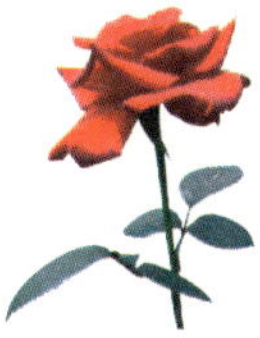

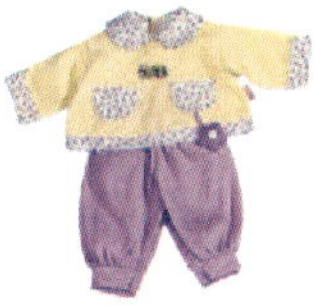

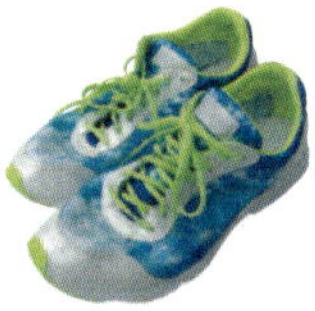

자	루	권	송	이	벌	켤	레
자	루	권	송	이	벌	켤	레
자	루	권	송	이	벌	켤	레
자	루	권	송	이	벌	켤	레
자	루	권	송	이	벌	켤	레

날짜:　　월　　일

움직임을 나타내는 말 익히기

🎲 움직임을 나타내는 말을 읽고 바르게 써 보세요.

볶다	걸다	씻다	넣다
볶다	걸다	씻다	넣다
볶다	걸다	씻다	넣다
볶다	걸다	씻다	넣다
볶다	걸다	씻다	넣다

날짜 : 월 일

움직임을 나타내는 말 익히기

🎲 움직임을 나타내는 말을 읽고 바르게 써 보세요.

| 마 시 다 | 썰 다 | 부 치 다 |

음식 이름 익히기

날짜: 월 일

🎲 음식의 이름을 읽고 바르게 써 보세요.

| 튀김 | 통닭 | 김밥 | 피자 |

날짜 :   월   일

음식 이름 익히기

매우잘함 잘함 보통

🎲 음식의 이름을 읽고 바르게 써 보세요.

자	장	면		잡	채		떡	볶	이
자	장	면		잡	채		떡	볶	이
자	장	면		잡	채		떡	볶	이
자	장	면		잡	채		떡	볶	이
자	장	면		잡	채		떡	볶	이

날짜:　월　일

맛을 나타내는 말 익히기

🎲 맛을 나타내는 말을 소리내어 읽고 바르게 써 보세요.

고	소	하	다	떫	다	시	다
고	소	하	다	떫	다	시	다
고	소	하	다	떫	다	시	다
고	소	하	다	떫	다	시	다
고	소	하	다	떫	다	시	다

날짜: 월   일

맛을 나타내는 말 익히기

🎲 맛을 나타내는 말을 소리내어 읽고 바르게 써 보세요.

달 다	맵 다	쓰 다	짜 다
달 다	맵 다	쓰 다	짜 다
달 다	맵 다	쓰 다	짜 다
달 다	맵 다	쓰 다	짜 다
달 다	맵 다	쓰 다	짜 다

🎲 선생님께서 불러 주시는 낱말을 잘 듣고 받아 써 봅시다.

받아쓰기

1. ------------------------------
2. ------------------------------
3. ------------------------------
4. ------------------------------
5. ------------------------------
6. ------------------------------
7. ------------------------------

틀린 문장 다시 쓰기

한글은 내친구 6단계 스티커

6쪽
| 해 | 개 | 매 |

7쪽
애 애

8쪽
| 레 | 테 | 레 |

11쪽
괭 왜 돼

14쪽
| 쇠 | 외 | 쇠 |

15쪽
귀 위

53쪽
| 틀 | 늘 | 슬 | 들 |

64쪽
| 끼 | 꾸 | 까 |
| 꾸 | 꼬 | 끼 |

66쪽
| 떡 | 땅 | 딸 |

68쪽

72쪽
| 짝 | 끼 |

유아 생각의 창을 넓혀 주는 길라잡이

Pre 프리스쿨 School

단계별 수준 학습 시스템

유아의 발달 수준에 맞추어 4세, 5세, 6세, 7세의 4단계 학습으로 구성하였습니다.

   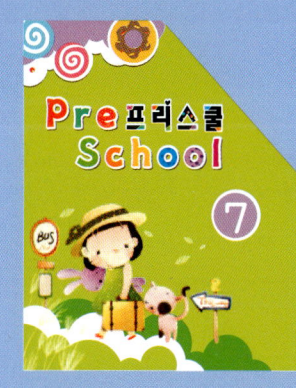

④⑤
언어·인지(A)-10권
수리·탐구(B)-10권
칠교(C)-2권
표현·창작(D)-2권
영역별 누리과정(E)-2권

⑥⑦
언어·인지(A)-10권
수리·탐구(B)-10권
한자(C)-2권
창의·영재(D)-2권
영역별 누리과정(E)-2권

- 누리과정의 낱말 학습과 언어 인지, 읽기, 쓰기, 말하기의 영역으로 구성
- 수리 개념의 기초인 분류, 비교, 공간 지각, 수 세기 등 수리적 인지력 학습
- 사회관계 영역을 포함한 영역별 누리과정으로 구성
- 놀이를 통한 칠교 학습, 창의력 표현 활동의 브레인, 한자로 구성

 익힘장의 특징

익힘장은 〈한글은 내친구〉를 배우고 낱말과 단어를 반복해서
익힐수 있도록 엮은 '책 속의 책'입니다.
그림과 함께 낱말을 익히는 복습을 통해 완전히 내 것이 되는 한글.
어린이 혼자서도 재미있게 학습할 수 있습니다.

익힘장

한글은 내친구 ❻

차례

재미있는 모양찾기	2
한번에 선 긋기	3
'ㅗ+ㅇ' 낱말 쓰기	9
'ㅜ+ㄴ' 낱말 쓰기	12
'ㅡ+ㄹ' 낱말 쓰기	14
'ㅣ+ㅁ' 낱말 쓰기	18
문장쓰기	23
'ㄲ, ㄸ, ㅃ, ㅆ' 낱말 쓰기	28
겹받침 낱말 쓰기	31
여러 가지 표현하는 말	31

재미있는 모양 찾기

🎲 왼쪽과 같이 색종이를 오렸을 때 나오는 모양을 찾아 ◯ 하세요.

한번에 선 긋기

▶에서 ●까지 한번에 선을 그으세요.

'ㅗ+ㅇ' 낱말 쓰기

그림과 함께 낱말을 읽으면서 바르게 써 보세요.

공책

동전

봉숭아

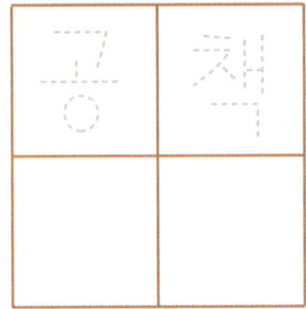
송편

옹기

콩기름

'ㅜ+ㄴ' 낱말 쓰기

🎲 그림과 함께 낱말을 읽으면서 바르게 써 보세요.

| 군 밤 | 눈 사 람 | 분 필 |

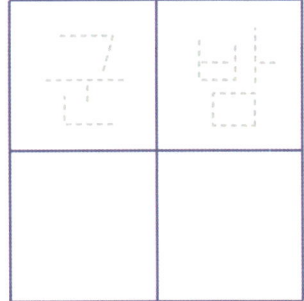

| 순 두 부 | 운 동 화 |

'ㅡ + ㄹ' 낱말 쓰기

🎲 그림과 함께 낱말을 읽으면서 바르게 써 보세요.

이글루

들국화

슬리퍼

가을

베틀

'ㅣ+ㅁ' 낱말 쓰기

🎲 그림과 함께 낱말을 익히고, 점선 따라 바르게 써 보세요.

김밥　부처님　디딤돌

비빔밥　이삿짐　침대

문장 쓰기

소리내어 읽으면서 바르게 써 보세요.

유 치 원 에   갑 니 다 .

노 래 를   부 릅 니 다 .

날짜: 월   일

문장 쓰기

매우잘함 | 잘함 | 보통

🎲 소리내어 읽으면서 바르게 써 보세요.

공	원	에	서		놉	니	다
공	원	에	서		놉	니	다
공	원	에	서		놉	니	다

.

아	기	가			웃	습	니	다
아	기	가			웃	습	니	다
아	기	가			웃	습	니	다

.

문장 쓰기

소리내어 읽으면서 바르게 써 보세요.

함	박	눈	이		옵	니	다

가	랑	비	가		옵	니	다

문장 쓰기

날짜: 월   일

🎲 소리내어 읽으면서 바르게 써 보세요.

공	책	을		폅	칩	니	다
공	책	을		폅	칩	니	다
공	책	을		폅	칩	니	다

바	느	질	을		합	니	다
바	느	질	을		합	니	다
바	느	질	을		합	니	다

'ㄲ' 낱말 쓰기

🎲 〈ㄲ+홀소리〉글자입니다. 소리내어 읽으면서 바르게 써 보세요.

까	꺼	꼬	꾸	끄	끼
까	꺼	꼬	꾸	끄	끼

🎲 그림의 이름에 쓰인 흐린 글자를 따라 써 보세요.

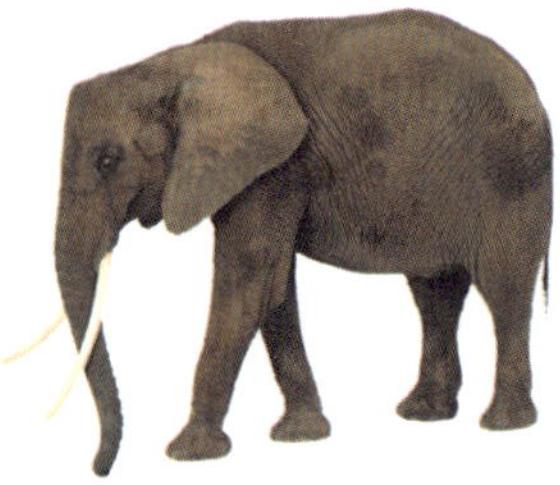

코 끼 리 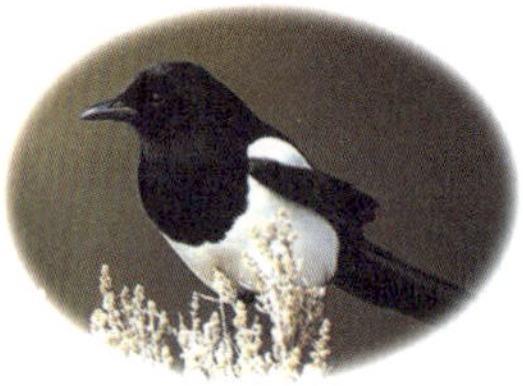   까 치 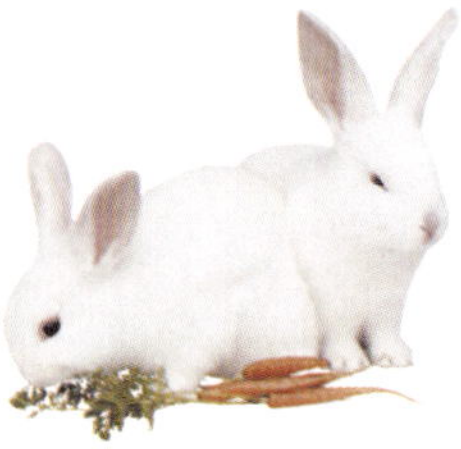   토 끼

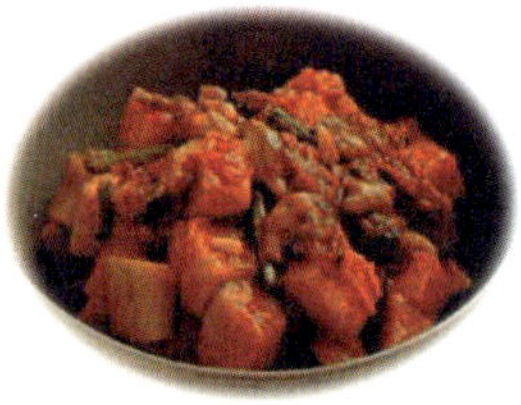

깍 두 기 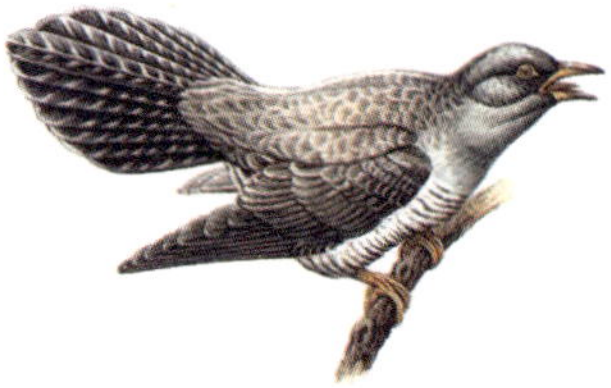   뻐 꾸 기 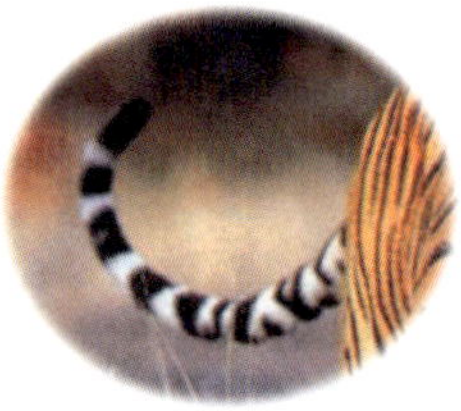   꼬 리

'ㄸ' 낱말 쓰기

🎲 〈ㄸ+홀소리〉글자입니다. 소리내어 읽으면서 바르게 써 보세요.

| 따 | 떠 | 또 | 뚜 | 뜨 | 띠 |

🎲 그림의 이름에 쓰인 흐린 글자를 따라 써 보세요.

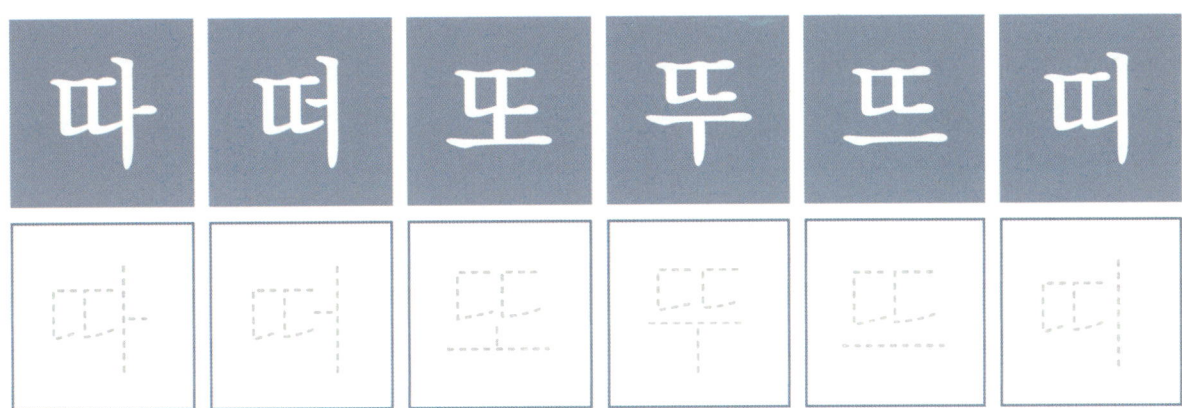

떡 볶 기   땅 콩   딸 기

오 뚜 기   호 떡   떡 국

'ㅃ' 낱말 쓰기

🎲 〈ㅃ+홀소리〉글자입니다. 소리내어 읽으면서 바르게 써 보세요.

| 빠 | 뻐 | 뽀 | 뿌 | 쁘 | 삐 |

🎲 그림의 이름에 쓰인 흐린 글자를 따라 써 보세요.

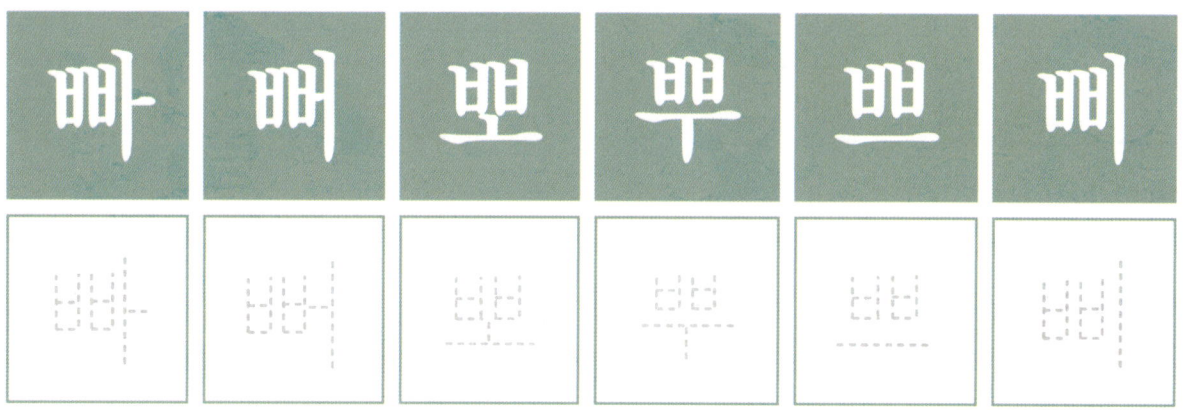

코 뿔 소   뿌 리   뻥 튀 기

 건 빵

 호 빵

 빨 강

 빨 대

'ㅆ' 낱말 쓰기

날짜: 월   일

매우잘함 | 잘함 | 보통

🎲 〈ㅆ+홀소리〉글자입니다. 소리내어 읽으면서 바르게 써 보세요.

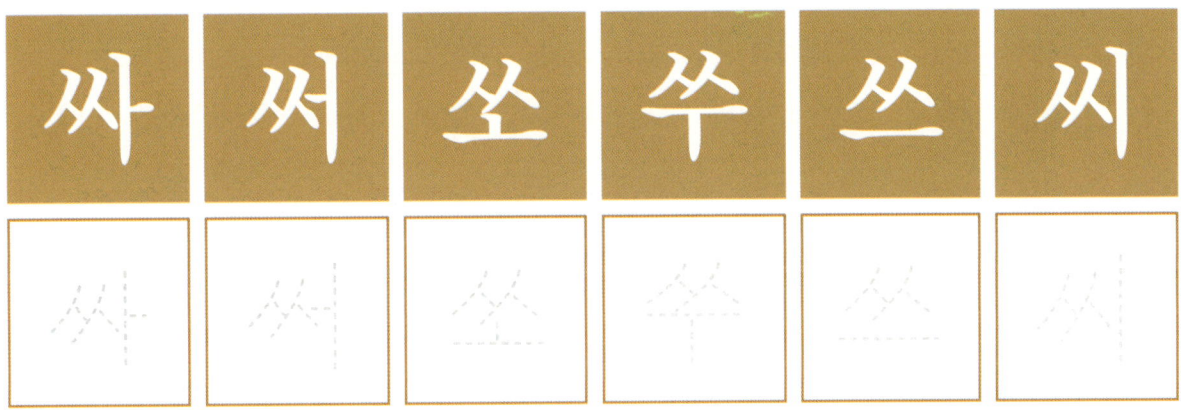

🎲 그림의 이름에 쓰인 흐린 글자를 따라 써 보세요.

'ㅉ' 낱말 쓰기

〈ㅉ+홀소리〉글자입니다. 소리내어 읽으면서 바르게 써 보세요.

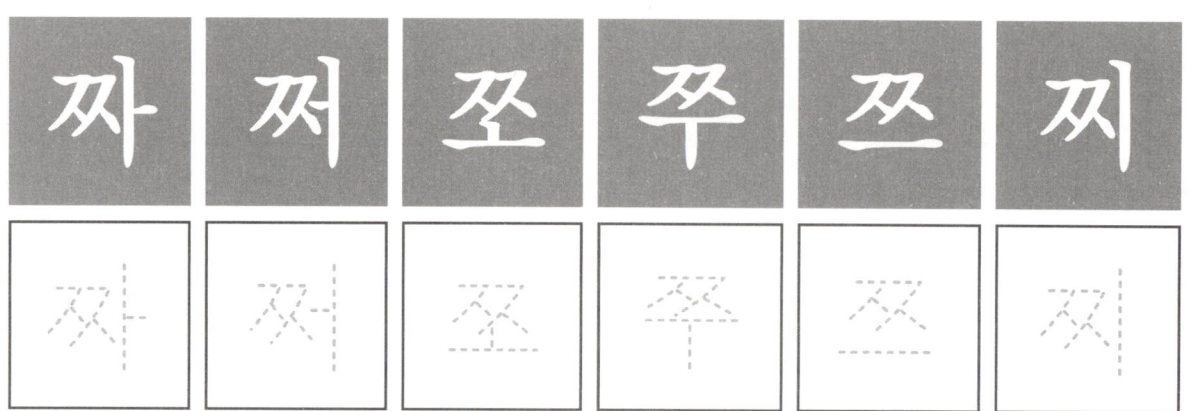

그림의 이름에 쓰인 흐린 글자를 따라 써 보세요.

'ㄲ~ㅉ' 낱말 쓰기

🎲 그림의 이름을 말하고, 바르게 따라 써 보세요.

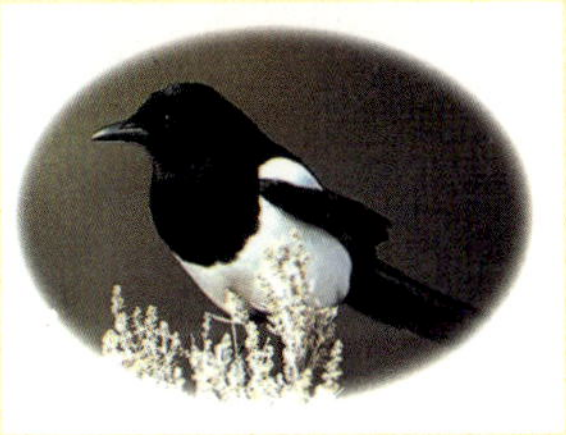

| 까 | 치 | | 꽁 | 치 | | 땅 | 콩 |

| 딸 | 기 | | 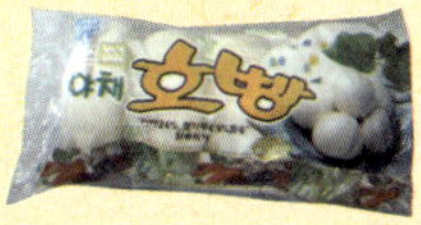 호 | 빵 | | 뿌 | 리 |

| 씨 | 름 | | 썰 | 매 | | 메 | 뚜 | 기 |

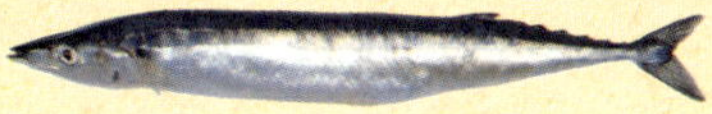

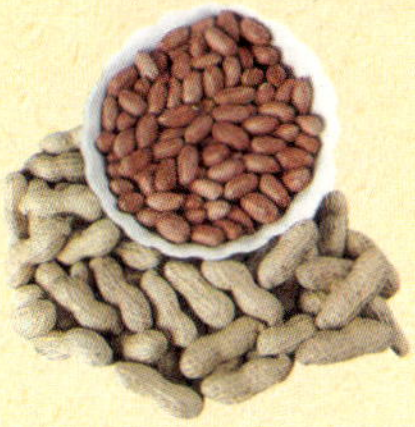

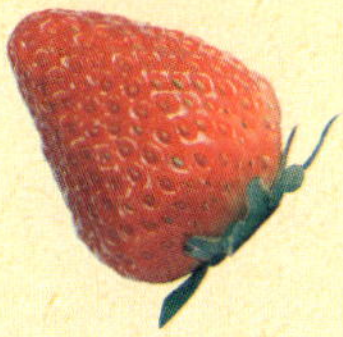

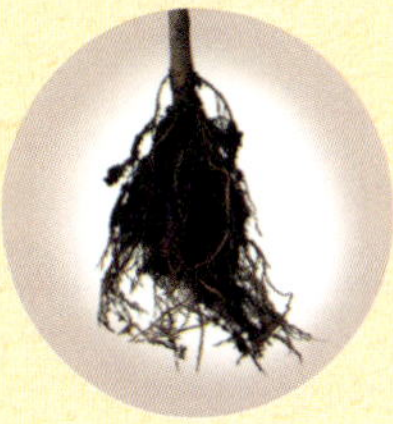

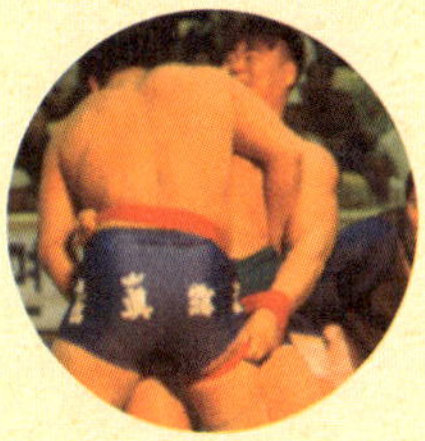

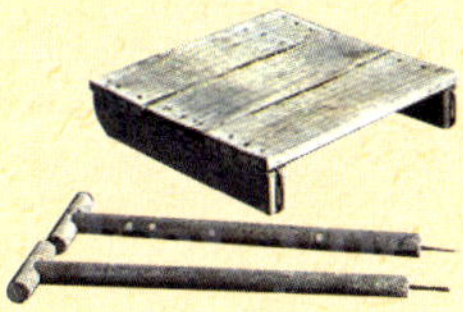

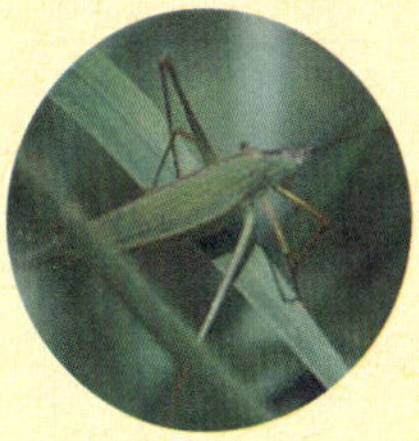

겹받침 낱말 쓰기

그림을 보고, 낱말을 바르게 써 보세요.

| 깎다 | 닦다 | 품삯 | 내몫 |

| 많다 | 앉다 | 읽다 | 늙다 |

겹받침 낱말 쓰기

날짜: 월   일

매우잘함 | 잘함 | 보통

🎲 그림을 보고, 낱말을 바르게 써 보세요.

굶다	닮다	싫다	넓다
굶다	닮다	싫다	넓다

책값	잃다	얇다	없다
책값	잃다	얇다	없다

겹받침 문장 쓰기

🎲 읽으면서 바르게 써 보세요.

| 우 | 리 | 는 | | 닮 | 았 | 습 | 니 | 다 |

| 구 | 두 | 가 | | 낡 | 았 | 습 | 니 | 다 |

날짜:　　월　　일

겹받침 문장 쓰기

매우잘함 | 잘함 | 보통

🎲 읽으면서 바르게 써 보세요.

| 책 | 을 | | 읽 | 었 | 습 | 니 | 다 |.

| 손 | 을 | | 닦 | 았 | 습 | 니 | 다 |.

움직임을 나타내는 말

움직임을 나타내는 말을 소리내어 읽고, 바르게 써 보세요.

| 볶다 | 걸다 | 씻다 | 넣다 |

| 마시다 | 썰다 | 부치다 |

움직임을 나타내는 말

🎲 그림에 맞는 낱말을 찾아 줄로 잇고, 따라 써 보세요.

 • • 부 치 다

 • • 걸 다

 • • 마 시 다

 • • 씻 다

 • • 썰 다

수를 세는 말

 수를 셀 때 쓰이는 말을 소리내어 읽고, 바르게 써 보세요.

자 루	권	송 이	벌	켤 레
자 루	권	송 이	벌	켤 레

 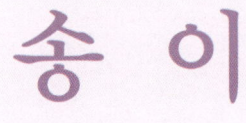  

포 기	마 리	통	상 자
포 기	마 리	통	상 자

수를 세는 말

그림에 맞는 낱말을 찾아 줄로 잇고, 따라 써 보세요.

 • • 벌

 • • 권

 • • 통

 • • 결레

 • • 포기

 • • 마리

맛을 나타내는 말

맛을 나타내는 말을 소리내어 읽고, 바르게 써 보세요.

달 다	맵 다	쓰 다	짜 다

고 소 하 다	떫 다	시 다

맛을 나타내는 말

🎲 맛을 나타내는 낱말을 찾아 줄로 잇고, 따라 써 보세요.

 • • 쓰 다

 • • 짜 다

 • • 맵 다

 • • 달 다

 • • 시 다

 • • 고 소 하 다

음식 이름 익히기

날짜: 월   일

매우잘함 | 잘함 | 보통

🎲 음식의 이름을 소리내어 읽고, 바르게 써 보세요.

자	장	면		잡	채		떡	볶	이

튀	김	통	닭	김	밥	피	자

날짜: 월 일

음식 이름 익히기

매우잘함 | 잘함 | 보통

🎲 그림에 맞는 낱말을 찾아 줄로 잇고, 따라 써 보세요.

 •　　　　　• 떡 볶 이

 •　　　　　• 만 두

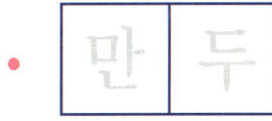 •　　　　　• 자 장 면

 •　　　　　• 김 밥

 •　　　　　• 피 자

 •　　　　　• 라 면

서수 익히기

🎲 그림을 보고, 어린이들이 서 있는 순서를 읽어 보세요.

서수 익히기

🎲 아이들의 순서에 맞게 쓰여진 낱말을 찾아 줄로 잇고, 따라 써 보세요.

감정을 나타내는 말

날짜: 월 일

매우잘함 | 잘함 | 보통

🎲 감정을 나타내는 말을 소리내어 읽고, 바르게 써 보세요.

화 나 다   좋 다   놀 라 다

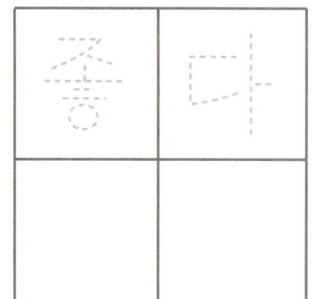

슬 프 다   싫 다   무 섭 다

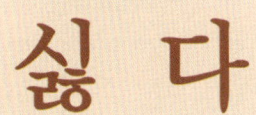

한글은 내친구 ❻단계

아이의 꿈을 생각하는 마음 – 블랙베베의 정신입니다.
Dream of Black BeBe

전 8권 (준비단계 / 유아·유치 / 예비 1학년)

한글은 내친구 1단계 한글은 내친구 2단계 한글은 내친구 3단계 한글은 내친구 4단계 한글은 내친구 5단계 한글은 내친구 6단계 한글은 내친구 7단계 한글은 내친구 8단계

전 8권 (준비단계 / 유아·유치 / 예비 1학년)

수학은 내친구 1단계 수학은 내친구 2단계 수학은 내친구 3단계 수학은 내친구 4단계 수학은 내친구 5단계 수학은 내친구 6단계 수학은 내친구 7단계 수학은 내친구 8단계